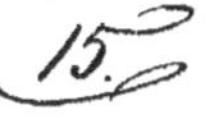

CATALOGUE

D'UNE RÉUNION

DE

FAÏENCES FRANÇAISES

DES FABRIQUES

DE

Rouen, Nevers, Moustiers, Strasbourg, Delft, Niederviller, etc., etc.;

DONT LA VENTE AUX ENCHÈRES PUBLIQUES AURA LIEU

HOTEL DROUOT

SALLE N° 4

Le Jeudi 18 Mai 1865

A DEUX HEURES.

Par le ministère de M° **CHARLES PILLET**, Commissaire-Priseur,
rue de Choiseul, 11,

Assisté de M. **ARONDEL**, Expert, rue de Choiseul, 16,

CHEZ LESQUELS SE DISTRIBUE LE PRÉSENT CATALOGUE

EXPOSITION PUBLIQUE

Le Mercredi 17 Mai 1865, de 1 heure à 5 heures.

PARIS

RENOU & MAULDE

IMPRIMEURS DE LA COMPAGNIE DES COMMISSAIRES-PRISEURS
Rue de Rivoli, 144

1865

EXEMPLAIRE DE H. STETTINER

CATALOGUE

D'UNE RÉUNION

DE

FAÏENCES FRANÇAISES

DES FABRIQUES

DE

Rouen, Nevers, Moustiers, Strasbourg, Delft, Niederviller, etc., etc.;

DONT LA VENTE AUX ENCHÈRES PUBLIQUES AURA LIEU

HOTEL DROUOT

SALLE N° 4

Le Jeudi 18 Mai 1865

A DEUX HEURES.

Par le ministère de M⁰ **CHARLES PILLET**, Commissaire-Priseur,
rue de Choiseul, 11,
Assisté de M. **ARONDEL**, Expert, rue de Choiseul, 16,
CHEZ LESQUELS SE DISTRIBUE LE PRÉSENT CATALOGUE

EXPOSITION PUBLIQUE

Le Mercredi 17 Mai 1865, de 1 heure à 5 heures.

PARIS

RENOU & MAULDE
IMPRIMEURS DE LA COMPAGNIE DES COMMISSAIRES-PRISEURS
Rue de Rivoli, 144

1865

D05417

CONDITIONS DE LA VENTE

Elle se fera au comptant.

Les Acquéreurs paieront en sus du prix d'adjudication CINQ pour CENT, applicables aux frais.

DÉSIGNATION

Rouen.

1 — Magnifique bouteille, décor camaïeu bleu, à médaillon à jour. Deux têtes avec guirlandes de fleurs sur le côté. Pièce remarquable par sa belle exécution.

2 — Une aiguière forme casque, décor camaïeu bleu.

3 — Deux grands plats, décor camaïeu bleu; riche bordure au milieu d'une rosace encadrée d'une guirlande de fleurs. Diamètre 53 c. Sera divisé.

4 — Un grand plat riche de décor, avec armoiries au milieu. Diam. 53 c.

5 — Un plat, décor camaïeu bleu, très-riche bordure au milieu une rosace qui couvre une grande partie du fond. Plat très-remarquable. Diam. 49 c.

6 — Autre plat camaïeu bleu, bordure et rosace au milieu. Diam. 52 c.

7 — Un magnifique plat à huit pans, à décor polichrome, la bordure formée d'ornements et de corbeilles de fleurs, au milieu un médaillon. Cette pièce est remarquable par sa belle décoration.

8 — Un plat à huit pans, décor orange et bleu, riche bordure, au milieu deux cornes d'abondance soutenant une corbeille de fleurs.

9 — Une assiette à décor bleu et rouge, belle bordure, au milieu une corbeille. Pièce intacte et remarquable, au revers une marque.

10 — Une assiette à bord festonné, décor polychrome, bordure très-riche, au milieu une corbeille de fleurs.

11 — Assiette décor camaïeu bleu, au milieu une armoirie.

12 — Une assiette au carquois.

13 — Trois belles assiettes, décor polychrome.

14 — Un plat, décor à la corne, avec Chinois et oiseaux.

15 — Beau bassin, décor camaïeu bleu, avec anse.

16 — Jardinière, décor polychrome, sur quatre pieds décoré sur les quatre faces.

17 — Un grand vase forme Médicis, à têtes d'anges, décor très-riche ; dans le bas du pied des monogrammes.

18 — Un huillier, décor polychrome ; le porte-huillier forme nacelle. Signé Gardin.

19 — Un porte-huilier, décor à la corne.

20 — Un plat à bord contourné, décoré de fleurs et d'oiseaux.

Nevers.

21 — Grand plat, décor bleu, bordé de manganaises re-
présentant le Jugement de Salomon. Pièce rare.

22 — Deux grands plats faisant pendant, décor bleu, bordure riche, au milieu une grande plante couvre presque
tout le fond du plat. Diam. 56 c. Seront divisés.

23 — Un plat, sujet mythologique.

24 — Un plat, décor bleu, très-riche bordure, au fond du
plat un sujet chinois. Diam. 52 c.

25 — Plat creux, sujet mythologique.

26 — Autre plat, cavalier au milieu.

27 — Plat rond, riche bordure, au milieu un berger et une
bergère.

28 — Très-grande vasque sur trois pieds, décor bleu de
Perse, avec pois blanc et anses torses.

29 — Une paire de vases forme Médicis, en bleu de Perse.

30 — Grand sénape à décor chinois.

31 — Autre de même forme, décor différent.

32 — Très-belle aiguière, anses torses, décor chinois bleu
et brun, très-belle forme.

33 — Un joli vase avec couvercle, décor polycrhome, sur la
panse un seigneur et sa femme du temps de Louis XIV;
au revers un chasseur. Pièce rare.

34 — Grande bouteille de vendange, au milieu d'une grande
guirlande de raisins, Bacchus et Ariane; au revers sa date

35 — Belle bouteille à têtes de béliers, au milieu saint Pierre. Signé Pierre Chauve, 1776.

36 — Bouteille à surprise, élégante de forme, à décor bleu, avec ornements à jour.

37 — Joli baril, décor bleu et jaune, d'un côté saint Jean, de l'autre sainte Catherine, 1749; sur le côté Jean Dion, maître charon.

38 — Bouteille plate, décor camaïeu bleu, sujet chinois.

39 — Une gourde plate, décor bleu, au milieu un chantier, derrière on lit : *Madame, après avoir compté, payé, remplissé la bouteille du chantier. Louis Thomas, 1726.*

40 — Une gourde, décor polychrome, avec sujet sur les quatre faces.

41 — Grand broc, décor bleu bordé de brun, sujet chinois dans un riche paysage.

42 — Grand vase rond pour jardinière, à décor.

43 — Jardinière à six pans, à anses torses, décor médaillons chinois.

44 — Un sucrier.

45 — Assiette, décor chinois bleu et brun, avec armoirie.

46 — Quatre plaques, sujets divers. Seront divisées.

47 — Un bénitier.

48 — Très-belle écuelle à deux anses avec son couvercle, décor bleu; au fond sainte Marguerite. Inscription : *Marguerite Serreur, 1754.*

49 — Un grand et beau vase de jardin à anses, décor bleu et brun, riche médaillon chinois.

50 — Autre vase forme Médicis, décor camaïeu, avec mascarons.

Fabriques diverses.

51 — Un grand vase bleu de Perse.

52 — Un plat Nideverler.

53 — Vase à deux anses de belle forme, F. Nideverler.

54 — Plat rond de Strasbourg.

55 — Plat long   id.

56 — Sucrier   id.

57 — Porte-huillier   id.

58 — Une très-belle jardinière forme Louis XV, F. Strasbourg.

59 — Un moutardier faïence de Strasbourg.

60 — Deux petits béliers portant un bât dans lequel sont
divers objets.

61 — Fontaine avec son couvercle, faïence du Midi.

62 — Quatre pièces en faïence de Moustiers.

63 — Très-joli plat de Delft, au milieu décor de couleur,
un cavalier au-dessus: capitaine français.

64 — Beau plat faïence de Savoie, en couleurs.

65 — Un plat décor bleu, au milieu femme à sa toilette.

66 — Deux cornets hispano-arabe à feuilles de persil.

67 — Plat à reflets.

68 — Sous ce numéro un lot d'objets divers sera divisé.

69 — Une belle tapisserie des Gobelins, décor champêtre.

Renou et Maulde, imprimeurs de la Compagnie des Commissaires-Priseurs,
rue de Rivoli, 144.   41912